Histoire et colonisation de la Nouvelle Zélande

Histoire et colonisation de la Nouvelle Zélande

Louis Reybaud

Editions Le Mono

ISBN : 978-2-36659-657-1
EAN : 9782366596571

I – VUE GENERALE SUR LES ÎLES POLYNESIENNES.

L'hypothèse accréditée par Malte-Brun, et reproduite par divers géographes, que les archipels du monde océanien ne sont que les sommets, et pour ainsi dire les arêtes d'un continent englouti, semble avoir été ruinée de nos jours par des observations plus judicieuses et plus complètes. L'Océanie, tout invite à le croire, est la plus récente, la plus jeune des parties du globe. Quiconque l'a parcourue a pu lui dérober le secret de sa formation. Deux agents énergiques y concourent, ici les volcans, là les madrépores. Autour des pics ignivomes s'agglomèrent des îles de lave, onduleuses et tourmentées ; dans les centres de travail des lithophites, coraux vivants, la mer soulève des îlots unis et bas. Taïti, Hawaii (les Sandwich), appartiennent à la première de ces origines ;

Tonga-Tabou (groupe des Amis), Pomotou (groupe de la Société), procèdent de la seconde. Ainsi, l'eau elle-même coopère aux créations géogoniques ; ainsi, dans les profondeurs de la mer, la pierre végète, se meut, s'anime, et des myriades d'architectes y construisent les aiguilles fatales contre lesquelles viendront se briser d'imprudents vaisseaux.

On se ferait difficilement une idée de la régularité qui préside au développement de ces îlots de corail. On les voit poindre, on les voit grandir. Ce n'est d'abord qu'une couronne de récifs, qui, graduellement exhaussée, sort du sein de l'Océan en forme de corbeille, et conserve dans son centre un petit lagon, véritable coupe d'eau salée ; puis, quand les détritus madréporiques ont peu à peu enrichi le sol, une végétation spontanée s'y manifeste, et l'écueil se pare d'une ceinture de cocotiers et de palétuviers qui le signalent aux navigateurs.

Alors les agents sous-marins cèdent la place aux agents terrestres ; ils vont soulever d'autres îlots que ceux-ci auront plus tard la mission d'embellir. En présence de cette loi de productions successives, de cette explication si simple et si satisfaisante, qu'est-il besoin de poursuivre des solutions empiriques et de rêver d'autres Atlantides perdues, après celles de Théopompe et de Platon ?

L'Océanie offre d'ailleurs des problèmes bien plus graves que ne l'est celui de sa constitution géologique. Son ethnographie est pleine de mystères. Des races diverses, les nues cuivrées, les autres noires, toutes inégalement douées, se présentent distribuées comme au hasard sur ces nombreux archipels, sans qu'on puisse apprécier d'une manière satisfaisante quelle loi de migration, quel mouvement de proche en proche a déterminé ces contrastes et régi cet éparpillement. Partout la navigation, encore dans l'enfance, témoigne que la haute mer n'a été pour ces peuples que le théâtre de voyages involontaires, et que leur dissémination confuse sur les différents points de l'Océan Pacifique tient plutôt à des causes fortuites, à des accidents imprévus, qu'à une tendance régulière et réfléchie. Rien qu'à voir leurs frêles pirogues, il est aisé de se convaincre que de pareils esquifs n'ont pu servir à des fins aventureuses et à des découvertes lointaines. Cependant voici le phénomène qui frappe l'observateur.

Sur quatre groupes distincts, éloignés l'un de l'autre de mille lieues en moyenne, la même race a été retrouvée, rappelant, à peu de variantes près, les mêmes mœurs, le même type, le même idiome, les mêmes préjugés, et entre autres cet impérieux *tabou* ou *tapou*, interdiction religieuse qui frappe ou temporairement ou à toujours certains objets, certains hommes, certaines localités. Ces quatre groupes sont ceux d'Hawaii, de Tonga, de Taïti et de la Nouvelle-Zélande ; cette race est la race polynésienne, celle qui va nous occuper.

Sans chercher à pénétrer des origines obscures, domaine de l'imagination plutôt que de la science, il suffit de dire que la race polynésienne est l'une des plus curieuses qui se soient produites dans l'état de nature. Tout ce qui fait l'orgueil des nations civilisées, la dignité naturelle, le respect de la foi jurée, le courage, l'enthousiasme, le désir de connaître, le besoin d'activité, l'aptitude à tous les rôles et à toutes les fonctions, l'intelligence des choses nouvelles, se rencontre chez ces tribus à un degré qui charme et qui étonne. Limitée à un seul de ces groupes, l'anthropophagie y est regardée moins comme une satisfaction physique que comme une excitation morale. Il est honorable pour le vaincu d'être dévoré par le vainqueur. C'est le sort des armes ; des deux parts on y compte. Tout prisonnier est avili s'il ne meurt. L'anthropophagie ne règne, d'ailleurs, qu'entre les tribus belligérantes, et seulement durant la guerre, ou bien encore de chefs à esclaves. Il est à croire que la présence des Européens sur les parages de la Nouvelle-Zélande, et l'influence toujours croissante d'une civilisation plus humaine, feront disparaître cette horrible coutume de toute la surface de la Polynésie. Une passion raisonnée capitule plus facilement qu'un appétit brutal.

L'état social de ces tribus n'est autre chose que cette organisation instinctive commune aux peuples enfants. On retrouve chez elles les deux conditions de toute existence collective, l'autorité et l'obéissance, les droits de la supériorité physique et même les privilèges de la naissance. La population se partage en chefs et en esclaves, et chacune de ces deux classes exprime dans son maintien et dans ses traits le sentiment de sa dignité ou la conscience de son abjection. Le tatouage est le blason des chefs ; ses lignes constituent toute une science héraldique. Entre nobles, la hiérarchie s'établit un peu par le sang, beaucoup par le courage. Les instincts guerriers ayant, chez ces peuples, dominé et absorbé tous les autres, le pouvoir a dû aller naturellement vers la force en délaissant l'intelligence, et de cette investiture sont nées des mœurs intraitables, une susceptibilité inquiète et une vie incessamment militante. Ce résultat s'est surtout produit à la Nouvelle-Zélande où le fractionnement infini des tribus éternise les hostilités. Les habitudes belliqueuses ont, en revanche, servi à maintenir la beauté du type polynésien, la vigueur musculaire des formes. En effet, cette famille se compose de sujets robustes et sveltes, avec un teint d'un jaune plein de vie, des yeux bien découpés, un angle facial qui rappelle celui des Européens, des cheveux noirs et lisses, des lignes pures et correctes, seulement trop labourées par le tatouage. Nulle part ce type n'est plus pur que dans la Nouvelle-Zélande, moins accessible que les autres îles à une invasion d'éléments étrangers. L'obésité, devenue commune à Hawaii et à Taïti, est jusqu'à ce jour demeurée inconnue dans le groupe zélandais, et les progrès de la civilisation n'y ont pas été suivis encore de symptômes d'énervement.

Partout où l'Europe passe, il faut qu'elle laisse son empreinte, soit politique, soit religieuse. La Polynésie lui appartient désormais. A Hawaii, à Taïti, l'esprit indigène n'a pas même songé à la résistance ; il s'est livré sans conditions, il s'est résigné au sort du vaincu. Le vêtement national a fait place à un costume sans nom qui a cessé d'être sauvage sans devenir pour cela européen. Toute originalité s'est effacée devant des imitations grotesques, et la race elle-même semble dépérir sous les atteintes de cette contagion que le commerce promène autour du globe avec ses infatigables vaisseaux. La Nouvelle-Zélande n'a pas désarmé aussi promptement : elle a protesté à diverses reprises par des révoltes soudaines et des colères imprévues. Ses mœurs militaires se sont refusées à une assimilation immédiate. L'archipel a tenu tête à l'ascendant européen avant de le subir, et, tout en cédant, il s'est mieux défendu. Aujourd'hui même qu'il se soumet en obéissant à l'admiration plutôt qu'à la crainte, ni ses mœurs guerrières, ni ses allures indépendantes ne semblent être entamées par le contact civilisateur. Le *tabou* y est toujours impérieux, la loi du talion toujours implacable. Ce que la Nouvelle-Zélande demande surtout à l'Europe, ce sont des mousquets, c'est-à-dire les plus énergiques agents de destruction, les derniers raffinements de la force brutale. On peut juger, par ce fait, de ses tendances.

En matière d'influence religieuse, le contraste a été le même. Hawaii et Taïti sont, à l'heure qu'il est, deux petits royaumes gouvernés par des missionnaires américains ou anglicans. Rien ne s'y dérobe à leur juridiction, pas plus le temporel que le spirituel. Quand les populations ne sont pas au prêche, elles travaillent pour leurs évangélistes ; elles ne quittent la Bible que pour aller féconder de leurs sueurs les champs de la mission. Peu s'en faut que, sur ces deux points, ces apôtres n'aient réuni dans leurs mains un double monopole, celui des cultures et celui du commerce. Tout se fait par eux et presque uniquement pour eux. C'est l'idéal du pouvoir théocratique. A la Nouvelle-Zélande, au contraire, les missions ont été, pendant vingt années, plutôt souffertes que reconnues. Quelques esclaves formaient le noyau de cette petite église ; les chefs, les nobles échappaient à son action et y échappent encore. Les grands guerriers du pays se contentaient de la couvrir d'une protection dédaigneuse, déguisant mal leur pitié pour des hommes qui ne faisaient pas leur chemin par les armes. Si aujourd'hui, grâce aux bras européens et à la merveilleuse fécondité du territoire, les établissements des missionnaires ont acquis, dans le nord de la Nouvelle-Zélande, une valeur considérable, le succès semble avoir porté plutôt sur le sol que sur les âmes, plutôt sur les castes subalternes que sur la classe supérieure. L'esprit indigène n'a pas encore abdiqué ici comme il l'a fait dans les groupes situés entre les tropiques. La trempe était plus forte ; elle a mieux résisté.

Telle est, dans un aperçu sommaire, la physionomie de la famille polynésienne. On a pu voir par quels points ses diverses branches se touchent et par quelles nuances elles se séparent. C'est la même race, éprouvée par des modifications de climats. Avant d'appeler l'attention sur les tribus zélandaises, il était utile de constater rapidement leur filiation. Nous allons maintenant passer à leur histoire.

II – PREMIERS VOYAGES Λ LA NOUVELLE-ZELANDE.

Tasman, ce hardi navigateur du XVIIe siècle, découvrit le premier, en 1642, et nomma la Nouvelle-Zélande. Entré dans le vaste détroit qui sépare les deux grandes îles, et qu'il prit pour un golfe profond, il jeta l'ancre près du rivage et envoya ses canots vers une aiguade voisine. Pendant cette opération, des pirogues survinrent, chargées de naturels armés de lances et couverts de nattes pour tout vêtement. On les invita à monter à bord du *Zeehan* ; ils s'y refusèrent, méditant une surprise. En effet, peu de minutes après, l'un des canots hollandais fut abordé de vive force et perdit quatre hommes dans cette attaque. Il fallut, pour se débarrasser des agresseurs, faire jouer l'artillerie.

Tasman quitta ces parages inhospitaliers, qu'il nomma *Moordenaar's-Bay* (baie des

Meurtriers), et, après avoir côtoyé l'île septentrionale, il doubla le cap Nord et cingla vers l'Europe, laissant dans la mémoire des indigènes quelques souvenirs confus de son apparition.

Après Tasman, la Nouvelle-Zélande est oubliée durant cent trente années environ. Cook la retrouve et vient mouiller, en 1769, dans la baie de Taone-Roa. Comme Tasman, Cook fut dès le premier jour, obligé de recourir à la force des armes. Les naturels ayant tenté d'enlever une chaloupe, on ajusta le plus hardi d'entre eux et on l'étendit raide mort. L'effet de l'arme à feu fut d'abord puissant ; mais, le jour suivant, les tentatives de vol recommencèrent. Il fallut sévir, et une nouvelle lutte s'engagea. Avec leurs massues en bois ou leurs petits casse-têtes en jade vert, les indigènes ne pouvaient tenir longtemps contre la mousqueterie. Ils cédèrent à la deuxième décharge, laissant un mort et plusieurs blessés sur le champ de bataille. Pour en finir, le capitaine fit enlever trois de ces hommes, dans l'espoir de les apprivoiser par de bons traitements. Ils restèrent deux jours à bord de *l'Endeavour*, et répartirent enchantés de l'accueil qu'ils avaient reçu.

Cependant Cook, qui ne faisait rien à demi, se prit à poursuivre, dès ce premier voyage, la reconnaissance complète de ces régions inconnues. Avant tous les autres, il constata que la Nouvelle-Zélande se composait de deux grandes îles, Ika-na-Mawi et Tavaï-Pounamou, d'égale étendue à peu près et séparées par un canal étroit. Il découvrit et releva une foule de mouillages ; la baie Pauvreté, la baie Tolaga, la baie des Iles, la baie Mercure, la rivière Tamise, la baie de l'Amirauté et le canal de la Reine-Charlotte. Dans presque tous les lieux où il aborda, il fallut user de démonstrations vigoureuses afin d'assurer les relations et d'intimider les mauvais desseins. A Teahoura, dans la baie d'Hawke, devant le cap Runaway, dans la baie d'Abondance, l'artillerie et les mousquets jouèrent un rôle court, mais décisif. La baie Wangari, les îles Motou-Kowa, furent aussi le théâtre d'exécutions sanglantes. Peut-être Cook se montra-t-il un peu prompt à employer cet argument souverain et à voir des prises d'armes dans toutes les manifestations bruyantes de ces sauvages.

Chez un peuple qui ne laisse rien d'impuni, et qui, sous la loi de son *outou* (satisfaction), exerce ses représailles n'importe dans quel temps et sur quelles personnes, cette manière d'imposer l'obéissance, si elle est irrésistible, devient quelquefois funeste. Il est à croire que plusieurs des massacres qui suivirent le passage de Cook, celui de Furneaux par exemple, furent une revanche des rigueurs du navigateur anglais, comme l'assassinat du capitaine français Marion servit d'expiation aux coupables excès de Surville.

On sait comment Cook et ses collaborateurs exécutaient leurs travaux de reconnaissance. Explorée par eux, la Nouvelle-Zélande appartint à la science européenne. Cook en assura la configuration et la compléta dans trois voyages successifs. L'ethnographie, l'histoire naturelle de ces contrées, furent fixées avec autorité, avec certitude. Dès lors, l'identité de cette race avec la famille de Taïti et des Sandwich fut soupçonnée et dénoncée. C'était la même constitution physique, seulement plus martiale, plus riche, plus vigoureuse. Chez les uns comme chez les autres, la coutume du tatouage, blason vivant de l'individu, sillonnait désagréablement les chairs et dénaturait l'harmonie des lignes. C'était aussi la même souplesse de formes, la même dignité et la même fierté dans le maintien. Les chefs portaient d'élégantes nattes de *phormium*, espèce de lin soyeux et lustré, particulier à la Nouvelle-Zélande.

Ces nattes, qui ressemblaient à de longues chapes, leur recouvraient le buste et descendaient jusqu'à mi-jambe. Les cheveux, relevés à la japonaise sur le sommet de la tête, étaient, chez quelques-uns, ornés de plumes flottantes d'oiseaux de mer. Les femmes avaient moins de distinction dans le type que les hommes : courtes, ramassées, elles n'étaient jolies que par exception et seulement dans leur première jeunesse. Cook put recueillir, sur divers points, des preuves irrécusables d'anthropophagie ; il trouva même, sur la plage du Canal de la Reine-Charlotte, les débris d'un festin de chair humaine. Le chirurgien Anderson acheta une de ces têtes devenues depuis fort communes dans nos musées, et que recommande leur parfait état de conservation, obtenue à l'aide des procédés les plus simples.

Cependant la flore du pays se classait sous les mains d'intelligents naturalistes. Ce n'étaient plus ici les merveilleux paysages des tropiques où les palmiers, les bananiers, les pandanus s'épanouissent avec une si gracieuse élégance. Dans son aspect général, la Nouvelle-Zélande tranche complètement sur cette nature molle et riante, et la plus australe de ses grandes îles reproduit plutôt les majestueuses perspectives de notre Europe. Sur les hauteurs, les arbres rappellent le port de nos essences, l'aspect sombre et sévère de nos forets. Dans les vallées, la végétation étale un luxe inouï. On y chercherait vainement un espace qui pût se comparer à nos pâturages et à nos pelouses ; mais des baissons touffus et des plantes sarmenteuses les tapissent dans toute leur étendue. A part les familles de l'organisation la plus simple, comme les lichens et les mousses, aucun de ces végétaux n'a d'analogues dans nos zones. Les plus grands arbres appartiennent au genre *dacrydium* et *podocarpus*, ou bien au *dracoena australis*, dont les équipages de Cook assaisonnaient les sommités en guise de chou-palmiste. Le *hinou* sert aux Zélandais à teindre leurs étoffes en noir ; le *tawa* rappelle le sycomore pour le feuillage ; le *rewa*, le hêtre pour le grain du bois ; l'écorce du *wao* est une sorte de liège. Quant aux arbustes, ils sont innombrables : dans les ravins humides et à l'ombre de quelques myrtacées, vivent deux cyathées qui sont l'honneur du genre ; puis se déroulent des champs de fougère comestible, dont les rameaux serpentent et s'entrelacent de manière à former des fourrés impénétrables.

Point ou peu de mammifères à la Nouvelle-Zélande. Avant que le cochon y eût été importé des groupes des tropiques, on n'y connaissait que le chien et le rat. Les oiseaux sont plus nombreux, et il en est, dans le nombre, de particuliers à ces îles, comme le glaucope à caroncules, l'aptéryx, sorte de casoar à bec grêle, un échassier du genre annarynque, peut-être le sphénisque nain, une colombe à reflets métalliques, un gros perroquet nestor au plumage sombre, puis un philédon à cravate blanche des plus gracieux et des plus coquets que l'on puisse voir. Il faut citer encore un grimpereau si familier, qu'il vient se poser jusque sur l'épaule du voyageur. Les espèces communes aux autres contrées y paraissent abondantes ; on y remarque des tourterelles, des perruches, des moucherolles, des synallaxes, des cormorans, des huîtriers. En fait de reptiles, on n'a encore aperçu que de petits lézards. Le poisson, appartenant aux familles des spares, scombre, serran et labre, est abondant sur certains parages, rare sur d'autres. La classe des mollusques a fourni quelques sujets importants, des haliotides, des struthiolaires, et un nouveau genre ampullacère, encore plus recherché.

Ainsi Cook avait tracé la route aux explorateurs qui devaient le suivre. Un capitaine français, Surville, poussé par les vents, abordait toutefois les côtes de la Nouvelle-Zélande presque en même temps que le marin anglais, et y poursuivait des explorations parallèles. Surpris par une tempête dans la rade d'Oudou-Oudou, il dut à un chef du pays le salut d'une portion de son équipage, et, par un fatal malentendu, ce fut sur ce même chef qu'il fit peser ses vengeances pour la perte d'un canot qu'on lui avait enlevé. Arraché de sa hutte et transporté à bord, ce malheureux insulaire, avant de s'éloigner, vit encore incendier son village. Ces douleurs successives le tuèrent ; il succomba en vue des îles de Juan-Fernandez. Cette mort et ce rapt allaient être cruellement expiés. Deux ans plus tard, un Français, le capitaine Marion, commandant les navires *le Mascarin* et *le Castries*, parut dans la baie des Iles. Dès l'arrivée, les meilleurs rapports s'établirent entre les naturels et les Européens. Des milliers de pirogues accouraient échanger, le long du bord, du poisson, des nattes et du lin contre de vieux clous, des morceaux de fer et quelques verroteries. Doués d'une intelligence merveilleuse, ces visiteurs surent bientôt les noms de tous les officiers, et voulurent, suivant l'usage local, les échanger contre leurs propres noms. On eût dit que Zélandais et Français ne formaient plus qu'une famille, tant la liberté des rapports était poussée loin, même entre sexes différents.

Marion n'avait paru dans ces îles que pour y réparer quelques avaries souffertes par ses vaisseaux. Quand il se vit entouré d'une sécurité suffisante, il fit établir ses chantiers dans une forêt distante de trois lieues du rivage, en assurant ses communications au moyen de postes intermédiaires.

Les travaux commencèrent au milieu du concours le plus affectueux de la part des naturels. Quand les matelots se trouvaient trop fatigués de leurs courses dans les terres, les Zélandais les chargeaient sur leurs épaules, et les ramenaient ainsi à bord. Les échanges de services et de présents étaient continuels de part et d'autre. Marion prodiguait les verroteries et les couteaux, les sauvages apportaient les plus beaux turbots de leur pêche. Le capitaine semblait être l'idole du pays. On le proclama grand-chef, et comme insignes de sa dignité on lui posa sur la tête une couronne surmontée de quatre magnifiques plumes blanches.

Tous ces témoignages d'affection et de déférence cachaient une perfidie. Un jour

Marion descendit à terre sous la conduite de Tekouri, son courtisan le plus assidu, et chef du plus important village de la baie. Quelques officiers accompagnaient seuls leur capitaine. Il s'agissait d'une partie de plaisir, d'une pêche. Le soir venu, Marion ne reparut pas ; mais personne ne s'en inquiéta à bord : les rapports étaient si sûrs, les relations si bienveillantes. Au jour, on expédia la chaloupe à terre pour y faire les provisions d'eau et de bois. Elle revint avec un seul homme ; le reste avait été massacré, coupé en morceaux par les sauvages. Dès-lors plus de doute : Marion et son escorte avaient subi le même sort ; la guerre était déclarée, et s'annonçait par la trahison la plus inattendue et la plus affreuse. Les officiers survivants songèrent d'abord au salut de leurs équipages. Désormais aucune opération pacifique n'était plus possible sur cette plage souillée de sang ; il fallait seulement dégager les matelots et les ouvriers compromis au milieu des terres. On forma un détachement qui marcha vers la forêt et parvint à ramener à bord les hommes des chantiers et ceux des postes intermédiaires. Quelques furieux essayèrent de s'opposer à l'embarquement, mais on en fit aisément justice. Une ambulance avait été improvisée sur une île de la baie ; on l'évacua en faisant payer aux naturels une résistance insensée.

Cependant Crozet, qui avait succédé à Marion dans le commandement, ne voulait pas quitter la Nouvelle-Zélande sans s'être assuré qu'il ne laissait aucun Français vivant sur ces funestes parages. La mort du capitaine et de ses compagnons était une présomption, douloureusement fondée il est vrai, mais pas une certitude. On avait entendu dans les groupes ces tristes paroles : *Tekouri mate Marion* (Tekouri a tué Marion) ; mais aucune preuve matérielle du fait n'était acquise aux équipages. Un détachement bien armé marcha donc vers le village, théâtre présumé de la catastrophe. A l'approche des soldats de marine, les insulaires s'enfuirent, et l'on put voir de loin Tekouri revêtu du manteau de Marion, qui était de deux couleurs, écarlate et bleu. En fouillant dans les cabanes, on trouva la chemise ensanglantée du capitaine, les vêtements et les pistolets du jeune lieutenant Vaudricourt, diverses armes du canot et des lambeaux de hardes des marins. Sur le sol gisaient le crâne d'un homme mort depuis quelques jours, auquel adhéraient des chairs à demi rongées, et une cuisse humaine dévorée aux trois quarts, affreux débris d'un horrible banquet. Dans un second village, où commandait un chef complice de Tekouri, on trouva de nouveaux vestiges, des entrailles humaines nettoyées et cuites, des chapeaux, des souliers, des sabres, des ustensiles européens.

C'étaient plus de preuves qu'il n'en fallait pour corroborer de pénibles convictions : on mit le feu à ces cases inhospitalières, et les deux villages furent réduits en cendres. Marion eut son hécatombe.

Longtemps on put croire que le massacre de cet officier et de ses lieutenants n'avait eu d'autre cause que la férocité naturelle de ces peuples. On ignorait alors cette loi sauvage et terrible qui les régit, cet *outou* si analogue à la *vendetta* corse, et qui, perpétuant la vengeance, la rend héréditaire dans les tribus. Aujourd'hui l'on sait que Marion expia les fautes de Surville. Le Français paya pour le Français. Tekouri appartenait à la même tribu que le chef enlevé de vive force et d'une manière si barbare par les équipages de Surville. D'après le code des représailles, la tribu devait avoir une satisfaction ; elle l'eut par les mains de Tekouri et dans la personne de

Marion. Malgré cette fin malheureuse, le nom du capitaine français est demeuré en grande vénération parmi ces peuplades, et c'est aujourd'hui encore un titre auprès d'elles que d'appartenir à la tribu de Marion.

La catastrophe arrivée au capitaine Furneaux dans le canal de la Reine-Charlotte dut aussi être provoquée par des raisons analogues. Un matin, la yole quitte le bord du navire anglais pour aller cueillir sur la plage quelques plantes comestibles : elle ne reparaît plus. On envoie à sa recherche une chaloupe armée qui, après une minutieuse exploration, découvre, sur les bords d'une crique déserte, les débris de l'embarcation, quelques hardes, des souliers, des corbeilles, les unes pleines de fougère, les autres de chair humaine rôtie. Une main à demi brûlée portait deux lettres T. H. : c'était celle du matelot Thomas Bill, comme le témoignaient ces initiales tatouées d'après un procédé familier aux marins. Plus loin, on reconnut encore les têtes, les cœurs, les poumons d'hommes fraîchement égorgés, dix Anglais avaient péri de la sorte. Furneaux, mal servi par le temps et les circonstances, ne put les venger, et Cook, revenu sur les lieux, aima mieux amnistier le passé que de s'exposer à d'interminables représailles. La tolérance cette fois, fut poussée si loin qu'elle scandalisa un Taïtien alors embarqué sur les vaisseaux anglais. On savait que l'auteur principal du massacre était un chef nommé Kahoura qui, malgré ce fâcheux précédent, n'en montait pas moins tous les jours avec une imperturbable assurance à bord de *la Résolution*. Chaque fois que le Taïtien apercevait cet homme, il s'élançait vers Cook et lui disait : « Tuez-le ! tuez-le ! c'est le meurtrier des Anglais ! » Puis, voyant que Cook s'obstinait à faire grâce : Pourquoi ne le tuez-vous pas ? s'écriait-il ; vous m'assurez qu'on pend en Angleterre celui qui en assassine un autre ; ce barbare en a massacré dix, et de vos compatriotes. Tuez-le donc ! » Le meurtrier écoutait ces propos sans s'émouvoir, et, pour témoigner qu'il ne redoutait pas la mort, il reparut un jour avec sa famille, hommes, femmes, enfants, en tout vingt personnes. Cook sympathisait avec de tels courages : il persista dans son pardon. Cependant il obtint quelques éclaircissements au sujet de la catastrophe. Une querelle pour des vivres avait amené des voies de fait de la part des Anglais, et les indigènes, accourus en force, les avaient accablés sous le nombre. Telle fut la version donnée par les coupables. Cook s'en contenta, et les relations se maintinrent dès-lors sur le meilleur pied.

Après le prince des navigateurs, tous les explorateurs s'effacent. La moisson est faite ; il faut se contenter des épis oubliés.

Vancouvert en 1791, d'Entrecasteaux en 1793, longent ces îles sans y constater aucun fait nouveau. Hansen, du *Dedalus*, y paraît à son tour en pirate plutôt qu'en marin. La voie est ouverte : ce que les expéditions officielles ont commencé, les spéculations particulières l'achèveront. Les baleiniers, accourus pour la pêche des phoques, s'engagent dans les baies, sondent les passes, signalent les récifs. Ils reconnaissent le détroit de Foveaux, à l'extrémité méridionale de Tavaï-Pounamou, relèvent l'île Stewart, rectifient l'hydrographie du groupe, éclairent les mouillages et indiquent les points de reconnaissance.

La Nouvelle-Zélande est devenue le but d'armements nombreux ; le commerce s'en empare et la livre à une notoriété plus vulgaire et moins scientifique. La marine marchande étudie ces peuples dans des vues d'exploitation, et l'intérêt pénètre une foule de détails qui s'étaient dérobés aux observations les plus intelligentes. C'est ainsi que l'on entrevit le double côté du caractère des naturels, aussi dévoués dans leurs amitiés qu'implacables dans leurs haines. On connut mieux ce qu'ils étaient, irascibles mais prompts à se calmer, violents mais sincères, fiers mais généreux. Grace à quelques concessions mutuelles, les relations devinrent plus régulières, les massacres moins fréquents, et, s'il en survint encore, on ne put les regarder que comme les revanches de provocations odieuses. Maîtres absolus dans ces parages, ne relevant que de Dieu et de leur conscience, les capitaines baleiniers durent se livrer à des actes de violence qui n'ont pas tous été révélés. Ce que l'on sait, c'est qu'à diverses reprises, ils *firent des rafles* au sein des tribus, et enlevèrent des hommes, qui devenaient des marins excellents, voués à un service gratuit. Ils s'en servirent pour la pêche, les épuisèrent de fatigue, les accablèrent de mauvais traitements, les vendirent même comme esclaves sur d'autres archipels, couronnant ainsi ce système d'exploitation brutale et aggravant le rapt par la traite. Aux abus de la force, les insulaires ne pouvaient opposer que des massacres ; et leurs vengeances, mieux raisonnées, furent plus rares, mais plus éclatantes et plus sûres.

L'affaire du *Boyd* en est la preuve. Le capitaine de ce navire, John Thompson, avait reçu à son bord, comme passager, et contre le paiement d'une indemnité convenue, le fils de l'un des chefs de Wangaroa, connu sur le navire sous le nom de George, et dans son pays sous celui de Taara. George, actif et vigoureux, se prêta d'abord volontairement au service de la manœuvre, et remplit de bonne grâce le devoir d'un matelot pendant la traversée de Port-Jackson à la Nouvelle-Zélande. Un jour seulement, malade, souffrant, il se permit quelque repos. Le capitaine éclata en invectives, priva l'insulaire de sa ration, le menaça de le jeter à la mer, puis, poussant la barbarie plus loin, le fit fouetter au pied du grand mât. En vain George se plaignit-il de ce traitement ; en vain, invoquant sa qualité de passager, ajouta-t-il qu'il était chef dans son pays, et qu'on outrageait son rang en le traitant comme un esclave : on ne l'écouta point, et de nouveau on le déchira de coups. Quand il arriva dans la baie de Wangaroa, ses reins étaient sillonnés de cicatrices.

A peine débarqué, George raconta tout à son père, lui montra les stigmates de sa honte, et lui en demanda la réparation. Un complot fut tramé. On profita du moment où le capitaine s'était rendu à terre avec une portion de son équipage pour surprendre le navire et massacrer les matelots qui le gardaient. En même temps le chef indigène attaquait sur la plage les Anglais, qui s'y étaient imprudemment dispersés, et assommait le capitaine d'un coup de casse-tête. Tous ses compagnons eurent le même sort : les victimes furent rôties et dévorées ; et plus tard les héros de ce banquet se plaignaient d'un singulier mécompte, la chair des blancs étant infiniment moins délicate, disaient-ils, et moins succulente que celle des sauvages.

Sur soixante-dix personnes qui montaient *le Boyd*, il n'échappa que deux femmes et un enfant. Le mousse de la chambre fut aussi sauvé, grâce à l'intervention de George. Ce jeune homme avait eu quelques attentions, quelques soins pour l'insulaire durant la traversée. Au plus fort du carnage, il l'aperçut, et se jetant dans ses bras : — George, s'écria-t-il, vous ne voudriez pas me tuer, n'est-ce pas ? — Malgré l'exaltation, du moment, le Zélandais se sentit ému. — Non, mon garçon, lui dit-il ; vous êtes un bon enfant, on ne vous fera point de mal. — En effet, il fut épargné. Cette catastrophe du *Boyd* fut fatale de plusieurs manières. Dans la première ivresse du triomphe, les vainqueurs mirent le feu à un baril de poudre qui fit sauter une portion du navire et quelques naturels, parmi lesquels se trouvait le père de George ; et plus tard, quand il s'agit de tirer vengeance de cette sanglante affaire, les Anglais en firent retomber la responsabilité, par une déplorable confusion de noms, sur un chef qui y avait joué un rôle honorable et conciliateur. Ainsi les représailles s'engendraient les unes des autres.

A la longue, cependant, on éprouva des deux côtés le besoin de s'entendre. Les Européens y furent conduits par le mobile commercial, les indigènes par le désir de posséder des armes à feu. Ces armes devaient leur assurer la supériorité dans les guerres locales, et rien ne leur coûta pour s'en procurer, ni les sacrifices en nature ni les avances bienveillantes, ni même l'oubli complet des griefs passés. Le prestige guerrier de l'Europe captiva ces peuples militaires, sur lesquels l'ascendant religieux ne devait exercer qu'une faible et lente influence. Ils reconnurent tacitement le patronage de la Grande-Bretagne, non comme foyer de christianisme, mais comme atelier de carabines et de mousquets. L'autorité d'un chef se mesurant désormais au nombre de ses fusils, la suprématie devenait une question d'arsenal. Aussi s'établit-il dès-lors, à l'effet d'acquérir ce mode d'influence, un mouvement alternatif de tentatives particulières. D'une part, des guerriers indigènes se hasardaient à visiter l'Europe, dans l'espoir de lui dérober son foudroyant secret ; de l'autre, des matelots européens étaient enlevés par surprise et transportés au milieu des terres pour le service de quelques tribus. Ces aventures isolées forment, dans l'histoire de la Nouvelle-Zélande, une suite de chroniques dont nous détacherons un petit nombre d'épisodes.

III – VOYAGES EN EUROPE DE QUELQUES ZELANDAIS.

Les premiers indigènes qui s'embarquèrent sur des navires européens soit avec Surville, soit avec Cook, périrent misérablement dans la traversée. Ceux qu'enleva *le Dedalus* furent plus heureux. Débarqués sur l'île de Norfolk, ils y trouvèrent un protecteur dans le gouverneur King, qui les ramena lui-même sur les côtes de la Nouvelle Zélande. Cet acte de loyauté laissa de profondes traces dans le pays, et, quelques années après, un chef du nom de Tépahi arriva, avec cinq de ses fils, dans la colonie de Sydney, où il rencontra l'accueil le plus bienveillant et le plus empressé. Il repartit pour son île, comblé de présents et abondamment pourvu d'instruments utiles. Son exemple décida la vocation de son neveu Doua-Tara, que l'on peut regarder comme un martyr de la civilisation zélandaise.

Doua-Tara n'eut, dans sa courte vie, qu'une idée dominante, celle de naturaliser chez les siens les procédés agricoles de l'Europe. Pendant que les autres chefs dirigeaient toute leur activité vers la guerre, seul il aspirait à des conquêtes pacifiques et s'immolait à la réalisation de ce dessein. Dès l'âge de dix-huit ans, il servait comme matelot à bord de baleiniers qui, après l'avoir employé à des travaux pénibles et gratuits, le déposaient sur quelque côte déserte, nu, souffrant, exténué de fatigue. Jouet des caprices de la fortune, l'insulaire persistait toujours ; il voulait acquérir l'expérience des choses nouvelles, il espérait voir l'Angleterre et le roi George. Enfin ce venu fut exaucé. A la suite d'une longue pêche sur l'îlot de Bounty, où, durant six mois, il s'était nourri de la chair des phoques et désaltéré avec l'eau de pluie, Doua-Tara arriva enfin en vue de Londres. Là, d'autres déceptions l'attendaient. Comme il insistait pour voir le roi, on le traita comme un enfant, on l'amusa avec des paroles. L'insulaire n'osait se plaindre, mais il souffrait visiblement : sa santé dépérissait à vue d'œil ; la fièvre et la toux le consumaient. Enfin, il repartit pour les mers australes, et rencontra, à bord du bâtiment qui le portait, M. Marsden, chapelain de Sydney et chef de la mission de Parramatta, qui le prit en amitié, le fit soigner, le vêtit, le consola. A son arrivée dans la Nouvelle-Galles du Sud, on employa l'insulaire aux travaux du petit domaine des missions : il y apprit à semer et à récolter le blé, et, quand son éducation agricole fut assez avancée, on le renvoya dans sa patrie avec quelques sacs de semences et des instruments de labour.

Il était dit que le malheureux insulaire passerait par les plus rudes épreuves. Au lieu de déposer son passager sur les plages de la

Nouvelle-Zélande, ainsi qu'il s'y était engagé, le nouveau capitaine se conduisit comme ses devanciers ; il le garda, s'en servit pour traiter le long des côtes, et l'employa ensuite à la pêche de la baleine. Dans cette campagne, Doua-Tara donna une preuve bien remarquable de son courage et de son dévouement. Une baleine venait d'être achevée ; elle flottait sur l'eau, quand le capitaine voulut s'assurer sa proie par un dernier coup de harpon. L'animal conservait encore un reste de vie : il se débattit sous le fer, et, brisant d'un coup de queue la fragile embarcation, il blessa grièvement le capitaine à la jambe. Le navire louvoyait alors à un mille de distance : la seule chance de salut était de le rejoindre à la nage. Tout l'équipage du canot prit ce parti à l'exception de Doua-Tara, qui ne désespéra pas de sauver son capitaine. Avec une adresse inouïe et tout en maintenant sur l'eau ce corps presque inanimé, il parvint à composer des débris de l'embarcation une sorte de radeau sur lequel il le déposa, puis il poussa ce lit flottant dans la direction du navire. On accourut et on les recueillit tous les deux.

Ainsi la Nouvelle-Zélande, objet des vœux de l'insulaire, semblait fuir devant ses yeux comme un mirage. Doua-Tara ne la revit qu'après avoir fait une dernière halte à Sydney et à Parramatta, où de nouveaux dons complétèrent son capital d'instruments agricoles. Il arriva dans la baie des Iles, heureux de pouvoir enfin commencer ses expériences. Sans perdre de temps, il rassembla ses parents, ses voisins, ses amis, leur montra son grain, ses outils, ses instruments de labour, puis il leur expliqua comment le blé se multipliait à l'aide de cette semence, et comment avec le blé on préparait le biscuit qu'ils mangeaient à bord des vaisseaux européens. Les chefs se prêtèrent tous à un essai ; ils confièrent le grain à la terre. Doua-Tara en fit autant de son côté, avec plus de soin seulement et plus de sollicitude. Le blé poussa d'une manière merveilleuse ; mais la plupart des chefs l'arrachèrent encore vert et dans sa première crue, s'imaginant que le produit adhérait aux racines, comme les pommes de terre. Désappointés, ils vinrent vers Doua-Tara, et lui dirent : — Parce que tu as voyagé, tu t'es cru en droit d'abuser de notre inexpérience. C'est mal, Doua-Tara ! — Attendez, leur répliquait celui-ci, et vous me rendrez justice. — En effet, sa récolte étant arrivée à une maturité complète, les indigènes purent voir de beaux épis d'or se balancer sur leurs tiges. Restaient encore la mouture et la panification, Doua-Tara ne savait comment s'y prendre ; il manquait d'outils. Un moulin d'acier que lui envoya M. Marsden le tira fort heureusement de peine. Il broya son grain devant les chefs assemblés, le convertit en farine et en fit un gâteau qu'ils se partagèrent à la ronde. La cause du novateur fut gagnée, et le blé fut décidément en honneur dans la Nouvelle-Zélande.

Ces succès n'étaient rien auprès de ceux que rêvait le Zélandais. Dans un nouveau voyage qu'il fit à Sydney, en compagnie d'autres chefs, il disait à M. Marsden : « Je viens d'introduire le blé dans ma patrie, et, avec nos récoltes de blé, nous aurons ici des pioches, des haches, des bêches, du thé, du sucre. Mais ce n'est rien encore : il faut que mon pays ait une ville. » En effet, à son retour, il en dressa le plan et en traça les rues. Elle devait renfermer une église, une maison pour le chef, une hôtellerie pour les marins. Des cultures étendues l'auraient environnée, des glacis l'auraient défendue contre les surprises guerrières. Tels étaient les projets de Doua-Tara quand la mort l'enleva à vingt-huit ans. La Nouvelle-Zélande perdit en lui un de ses plus nobles enfants, et la civilisation européenne un intelligent propagateur.

Le voyage du grand chef Shongui ne fut pas inspiré par des desseins aussi pacifiques. Shongui n'estimait que l'art de la guerre, et il ne voyait dans l'Angleterre qu'un grand atelier d'armes à feu. Pressé par un ennemi redoutable, il résolut d'aller chercher au dehors les moyens de le vaincre. En vain les hommes de sa tribu voulurent-ils le détourner de son projet ; il fut inébranlable : « Laissez-moi partir, leur disait-il ; je vous rapporterai douze mousquets et un fusil à deux coups. » Il s'embarqua en 1820 avec un missionnaire, M. Kendall. A Londres, aucun sentiment de curiosité ne vint faire diversion au but passionné de son voyage. Les évolutions des troupes, les manœuvres de l'artillerie avaient seules le privilège de l'intéresser. Présenté à George IV, qui le combla de présents, il conserva, au milieu des splendeurs de la cour, une gravité et une dignité naturelles : on eût dit qu'il était fait à ce luxe et à cette pompe des grands états. Parmi les présents du roi figuraient quelques armes, une cuirasse et un magnifique uniforme : cette attention seule le toucha, et ces objets l'accompagnèrent désormais dans toutes ses campagnes. Quant au reste, il l'échangea à Sydney contre des munitions de guerre.

Ce voyage de Shongui tourna d'ailleurs contre les missionnaires, qui, les premiers, lui en avaient suggéré l'idée. Le chef zélandais avait pu se convaincre que ces évangélistes n'étaient, dans leur pays, ni au premier rang ni de première naissance, et cette circonstance suffisait pour les faire déchoir dans son opinion : « Les missionnaires sont des esclaves du roi George, avait-il coutume de dire. Quand je lui ai demandé s'il avait défendu qu'on me donnât des fusils, il m'a répondu que non. Les missionnaires auraient voulu qu'on m'en refusât, mais le roi leur a dit : « Esclaves, taisez-vous ; je veux contenter mon ami Shongui. »

Ce qu'il y a de plus singulier dans le voyage du chef Toupe, c'est la hardiesse avec laquelle il s'imposa comme passager à un capitaine anglais qui traversait le détroit de Cook. Monté à bord, il renvoya sa pirogue et déclara son intention d'aller en Europe.

On essaya de se défaire de cet hôte importun, mais il se cramponna si fortement aux mâts et fit une si belle résistance, que le capitaine se laissa toucher. Toupe était un guerrier célèbre de l'île du Nord ; il aimait aussi les fusils, et se plaisait à suivre les exercices à feu. Souvent il s'écriait : — Qu'on me fournisse beaucoup de mousquets, et je serai aussi grand que le roi d'Angleterre. — Durant son séjour en Europe, il donna une foule de preuves de son intelligence. Rien n'échappait à ses observations, surtout en matière de travaux mécaniques. Il mesurait l'importance des choses à leur utilité, et prisait avant tout les ustensiles en fer, les instruments aratoires, les couteaux, les scies, les haches, les ciseaux. Un homme à cheval lui paraissait une merveille ; on voulut la lui expliquer par sa propre expérience, mais l'initiation fut si malheureuse, qu'il y renonça. A Liverpool, un peintre demanda à faire son portrait. Il s'y prêta, et n'y mit qu'une condition, celle de reproduire fidèlement son tatouage. Il disait à ce sujet : — L'homme d'Europe trace son nom avec une plume ; Toupe porte son nom écrit sur son visage.

Les Zélandais que l'on vient de citer ne sont pas les seuls qui aient voulu s'instruire au spectacle de la civilisation européenne. D'autres guerriers importants, d'autres chefs de tribus, ont paru dans nos contrées, et récemment encore un baleinier du Hâvre amenait en France deux Zélandais que l'Angleterre a accueillis et utilisés à notre refus. Ces émigrations sont devenues si fréquentes, qu'elles ont perdu leur premier intérêt de curiosité. Tantôt la société des missions expédie à Londres de jeunes sujets que l'on forme pour le sacerdoce et qui succombent presque tous sous l'influence du climat ; tantôt des individus isolés s'embarquent sur des baleiniers, et, en retour d'un apprentissage bien incomplet, se dévouent aux plus répugnants services. Pour satisfaire cette soif de connaître, l'un des personnages les plus influents de l'île du Nord n'a pas craint naguère de s'enrôler comme cuisinier à bord d'un navire marchand. Ce même instinct a poussé d'autres chefs à s'assurer, tantôt par la ruse, tantôt par la violence, de quelques matelots européens dont ils se sont fait de redoutables auxiliaires.

IV – EUROPEENS NATURALISES DANS LA NOUVELLE-ZELANDE.

Le premier Européen qui se fixa sur ces îles fut l'Anglais Bruce, qui consentit à se laisser tatouer, et épousa, en 1805, la fille d'un chef. Il vivait heureux au sein de sa nouvelle famille, quand un de ses compatriotes, capitaine de marine, l'enleva, lui et sa femme, et vendit cette dernière comme esclave dans une île de la mer des Indes. Bruce parvint cependant à gagner Calcutta, où sa jeune compagne put le rejoindre un peu plus tard ; mais ni l'un ni l'autre ne revirent la Nouvelle-Zélande.

De toutes les aventures, de ce genre, la plus dramatique et la plus romanesque est celle du matelot anglais Rutherford. Il servait sur *l'Agnès*, brick américain, quand celui-ci laissa tomber l'ancre au fond d'une baie de la Nouvelle-Zélande qu'on croit être celle de

Takou-Malon. A la vue du bâtiment européen, des pirogues se détachèrent du rivage, et le pont fut bientôt couvert de naturels. Leurs intentions ne paraissaient pas hostiles, mais des vols multipliés mirent sur-le-champ de l'aigreur dans les rapports. Les hommes s'attaquaient à tout, même aux clous du navire et aux bordages des embarcations. Quant aux femmes, elles étaient si profondément versées dans l'art du larcin, que l'idée les en poursuivait jusque dans les moments où tout s'oublie. Pour couper court à des scènes fâcheuses et éviter un éclat, le capitaine ordonna l'appareillage., Il était trop tard ; deux cents naturels, armés de petits casse-têtes en jade vert, encombraient alors le navire, et leur chef, se dépouillant de sa natte, entonna le chant de guerre. Ce fut le signal d'un carnage affreux. Le capitaine tomba le premier, frappé au crâne ; le maître, le timonier succombèrent à leur tour, mortellement atteints. Le reste de l'équipage fut terrassé, garrotté et transporté sur la plage. Durant le trajet, on put voir les vainqueurs lécher le sang qui coulait des blessures des morts. A terre, le drame continua : sur les douze prisonniers, six furent assommés, dépouillés, dépecés et rôtis par quartiers sur des pierres ardentes. Le banquet eut lieu le lendemain, et les convives eurent le courage d'offrir aux Européens survivants des lambeaux de leurs camarades. Cette expédition terminée, les tribus quittèrent la plage, et les prisonniers, partagés entre les vainqueurs, furent emmenés dans l'intérieur des terres. Rutherford échut, avec l'un de ses compagnons d'infortune, à un chef qui se nommait Emaï.

Dans les premiers jours de sa captivité, Rutherford vécut en proie à des inquiétudes mortelles : il croyait son supplice seulement différé, et la mort l'attendait. Quand, poussées par une curiosité inquiète, les femmes et les filles de la tribu venaient le regarder de près, le toucher, l'examiner en détail, il s'imaginait qu'elles choisissaient sur sa personne le meilleur et le plus désirable morceau. Ses terreurs ne cessèrent que lorsqu'on procéda à son tatouage. Quelque cruelle que fût cette opération, il s'y résigna avec joie : elle entraînait une reconnaissance de naturalisation et le don formel de la vie. Le tatouage est, d'ailleurs, une œuvre compliquée, un travail d'artiste. Voici ce qu'en dit Rutherford : « On nous dépouilla de nos vêtemens et on nous coucha sur le dos. Quatre naturels nous retenaient, les autres allaient nous scalper. Ils y procédèrent avec un os tranchant comme un ciseau qu'ils trempaient au préalable dans du charbon pilé et légèrement humecté. L'os était aiguisé à son extrémité comme une lancette de vétérinaire, de sorte qu'en frappant sur le manche avec un petit bâton, on ouvrait la peau et on l'incisait assez profondément. L'instrument allant jusqu'au vif, le sang coulait en abondance, mais les femmes l'essuyaient avec des étoffes de lin. Pour ce travail délicat, les naturels se servent de divers instruments, tantôt d'un os d'albatros, tantôt d'une dent de requin. L'opération est des plus douloureuses, et cependant je ne poussai pas un cri, bien qu'elle se prolongeât durant quatre heures. J'ignore quelle pensée présidait à la distribution des figures, mais elles étaient harmonieusement et régulièrement dessinées. Quand le travail fut achevé, les femmes me conduisirent vers la rivière en me guidant par la main, car j'étais devenu complètement aveugle. Nous étions alors à la fois tatoués et *taboués*, c'est-à-dire *sacrés*. On ne devait pas nous toucher, et nous-mêmes nous ne devions toucher à rien. Les femmes avaient seules le droit de porter des vivres à notre bouche. Elles se montrèrent attentives, douces, vigilantes, empressées. Grace à leurs soins, au bout de trois jours mes souffrances étaient apaisées. Je recouvrai d'abord la vue, et au bout de quelques semaines il ne me restait plus de cette rude secousse que les traces indélébiles empreintes sur mon corps. »

Bientôt Rutherford sut à quoi s'en tenir sur ses fonctions auprès du chef indigène. Durant les hostilités il était guerrier, chasseur et pêcheur durant les trêves. Un fusil et des munitions provenant du dernier pillage lui furent confiés, et il trompa l'ennui et l'oisiveté en tuant quelques ramiers et quelques cochons sauvages. Un seul événement douloureux assombrit cette première période de sa captivité. Son compagnon fut immolé pour une violation puérile de la loi du *tabou*. Une vieille parente du chef étant morte après avoir mangé des patates pelées par mégarde avec le couteau d'un blanc, les prêtres et les médecins du pays déclarèrent que ce blanc devait mourir. En vain Rutherford essaya-t-il d'intervenir et d'excuser son malheureux camarade. La loi était inflexible : l'Européen fut sacrifié. Dans le même moment, on célébrait avec une grande pompe les funérailles de la morte. Le cadavre, porté dans la campagne, avait été adossé à un poteau et revêtu de magnifiques nattes. Le visage fut enduit d'une couche d'huile de requin ; la tête fut couronnée de feuilles de phormium et ornée de plumes blanches. Aux premières décharges de la mousqueterie, les populations accoururent de tous les environs, et, s'agenouillant devant le cadavre, elles se dépouillèrent de leurs nattes et se déchirèrent les chairs jusqu'à en faire jaillir le sang. Un festin splendide termina la cérémonie ; puis le chef congédia ses convives en échangeant avec eux le salut du nez.

Demeuré seul, Rutherford comprit de nouveau que sa vie était à la merci d'un caprice ou du tort le plus involontaire et le plus puéril. Il résolut, pour conjurer tout malheur, de s'identifier plus que jamais avec les mœurs, la vie, les habitudes locales. Son costume européen, grâce à des réparations infatigables, avait duré trois ans ; mais il était impossible de lui demander un plus long service. Il adopta les vêtements du pays, se couvrit de nattes et marcha désormais sans chapeau ni souliers. Cette métamorphose produisit un tel effet, que son protecteur l'éleva au rang de chef dans une cérémonie publique. On lui coupa les cheveux sur le devant avec une coquille d'huître, on lui donna un casse-tête en serpentine, on passa tant sur sa figure que sur ses nattes une composition d'huile et d'ocre rouge, tous signes distinctifs d'un rang élevé. Pour épuiser ses privilèges, Rutherford n'avait plus qu'à prendre deux ou trois femmes, selon l'usage des chefs. Il choisit les deux filles de son protecteur, qui se prêtèrent à cet arrangement avec la meilleure grâce du monde.

Cependant la guerre venait d'éclater. La tribu de Rutherford devait marcher en auxiliaire contre les peuplades de la baie des Iles, et l'Anglais fit naturellement partie du contingent. La rencontre eut lieu sur les bords d'une petite rivière qui coulait entre les deux camps. Le chant de guerre ayant été entonné, les armées, fortes de mille hommes chacune, se formèrent sur un front de deux combattants d'épaisseur, tandis que les esclaves se repliaient sur l'arrière pour ramasser les armes et recueillir les blessés. L'affaire commença par une décharge générale des mousquets et se poursuivit dans une mêlée corps à corps. Les cris des femmes, qui suivent leurs maris sur les champs de bataille, les chants des guerriers, les plaintes des mourants animaient cette scène et la remplissaient d'une sauvage terreur. Les massues, les lances, tourbillonnaient dans l'air, maniées avec une dextérité merveilleuse ; la main gauche des combattants cherchait à saisir la chevelure du champion ennemi, tandis que la main droite, armée du casse-tête, menaçait de lui fendre le crâne. Le choc fut vif, mais il dura peu : l'armée de la baie des Iles céda, et battit en retraite à travers les bois. Rutherford, heureux jusque-là, fut blessé à la cuisse par un fuyard, puis soigné et pansé sur le champ de bataille. Quand vint le soir, un beau spectacle réjouit l'âme des vainqueurs. Vingt têtes plantées sur des lances figuraient comme autant de trophées, et quarante cadavres promettaient d'autres joies pour le lendemain. Ces saturnales de la victoire durèrent deux jours.

Enfin le moment approchait où Rutherford devait voir finir sa captivité laborieuse.

Quoique fixé depuis dix ans sur cette terre, il regrettait secrètement la patrie et n'attendait qu'une occasion favorable pour s'évader. Cette occasion s'offrit. Un jour, dans tous les villages de l'intérieur, le bruit courut qu'un navire venait de paraître sur la côte, et la fumée s'élevant de la crête des montagnes confirma cette nouvelle. A ce signal familier, les tribus, poussées par la soif du butin, se précipitèrent vers la plage. Rutherford s'y rendit avec plus d'empressement que les autres, mais dans des intentions bien différentes. Quand il arriva, un brick était en vue, quoique fort au large. Les chefs se consultèrent et résolurent de dépêcher l'Anglais pour attirer ce bâtiment dans un piège. Rutherford accepta et s'embarqua dans une pirogue avec cinq naturels. Quand il monta sur le pont du brick, qui était un baleinier américain, le capitaine s'écria tout étonné : — Voilà un Zélandais blanc ! — Dites un Anglais tatoué, répliqua Rutherford. — Puis il raconta aux officiers ses romanesques aventures. Le capitaine compatit aux infortunes du matelot et consentit à le recevoir : on renvoya la pirogue montée par les naturels, et le baleinier reprit le large. Le chef zélandais ne revit plus son gendre, et ses deux filles attendent encore leur époux.

Il paraît, au surplus, qu'une foule d'existences analogues se rencontrent dans l'intérieur de la Nouvelle-Zélande, peuplée de marins déserteurs et de *convicts* échappés des geôles de Botany-Bay. Partout où ces hommes se sont fixés, ils ont donné le spectacle d'une dépravation raffinée jointe à un abrutissement barbare, et ont vécu avec les naturels dans un état de promiscuité révoltante. Rutherford en nomme deux établis dans son voisinage, l'un et l'autre tatoués et mariés à des filles de chefs. M de Blosseville en cite un troisième, matelot réfractaire, qui non seulement avait perdu le sentiment de sa nationalité antérieure, mais qui s'était identifié avec ces mœurs hideuses au point de devenir un cannibale passionné. Il faut le dire à la honte de notre civilisation, elle a souvent été représentée, dans ces mers par des hommes plus dégradés que ne le sont des sauvages.

V – LA NOUVELLE-ZELANDE DEPUIS L'ETABLISSEMENT DES MISSIONS.

L'origine des missions de la Nouvelle-Zélande se fait remarquer par le concours des plus fortes et des plus douces vertus évangéliques, le courage, la patience, la résignation et le dévouement. Quand l'apôtre qui fut la tête et le bras de cette pieuse entreprise, le révérend M. Marsden, songea à fonder un établissement sur ces parages, l'archipel n'était guère connu en Europe que comme un théâtre de catastrophes sanglantes. Des massacres réitérés, des agressions audacieuses attestaient les mœurs féroces et l'intrépidité naturelle des tribus indigènes. Elles semblaient aussi inaccessibles à la douceur qu'à la crainte, aux bons procédés qu'aux voies de rigueur. Aucun navire, si bien armé qu'il fût, n'était en sûreté le long de cette côte, et *le*

Boyd venait d'être enlevé et anéanti avec soixante hommes d'équipage.

Ce fut au milieu d'un peuple suspect et redoutable à tant de titres que descendirent, au mois de décembre 1814, trois missionnaires, MM. Kendall, Hall et King, avec leurs femmes, leurs enfants en bas âge et un petit nombre de serviteurs. A cette époque et dans l'état du pays, le succès était plus douteux que le martyre. M. Marsden seul avait la conscience d'heureux résultats. Il avait étudié le caractère zélandais moins d'après les impressions publiques qu'à l'aide d'observations intelligentes et personnelles. Divers chefs s'étaient assis à ses foyers dans l'établissement central de Parramatta, et l'étude qu'il en fit lui permit de dire, dès 1813, que cette race était *susceptible de toute amélioration morale.* Aussi ne recula-t-il ni devant les périls de l'œuvre, ni devant les hésitations de son gouvernement. Confiant dans les promesses de quelques chefs indigènes, il partit lui-même avec ses missionnaires et alla présider à leur installation.

Quand il arriva à la baie des lies, la saison d'été animait ces parages. Le ciel était pur, la terre étalait une végétation puissante. Tout parut sourire aux nouveaux venus, la nature et lès habitants. Les chefs se montrèrent tels que M. Marsden les avait jugés, méchants pour les méchants, bons pour les bons. On traita avec eux d'un terrain qui devait servir aux premières cultures de la mission. Deux cents acres furent cédés, dans le district de Rangui-Hou, en échange de douze haches. La pieuse colonie s'y installa, improvisa quelques cases, s'occupa de ses premiers besoins, défricha et ensemença son petit domaine. Ce fut là le berceau des missions de la Nouvelle-Zélande, composées d'abord de vingt-cinq membres, hommes et femmes, maîtres et serviteurs ; Dans quatre voyages consécutifs, M. Marsden poursuivit le développement de son œuvre avec un zèle intelligent et un courage infatigable. D'autres acquisitions furent faites sur divers points, et l'on vit ainsi, dans un rayon de vingt lieues et au sein des tribus principales de l'île du Nord, se fonder des missions nouvelles qui toutes avaient leurs jardins, leurs chapelles, leurs desservants anglais et leurs protecteurs indigènes. L'œuvre de Dieu se fraya sa voie, surtout par des moyens temporels. Le succès parut si probable dès ce temps, que la concurrence s'en mêla. L'église anglicane avait eu jusqu'alors les honneurs exclusifs de cette conversion ; les églises dissidentes voulurent s'y ménager un rôle. Des missionnaires wesleyens, secte de méthodistes, parurent dans la baie de Wangaroa, et, chassés de ce point parles naturels, se reformèrent sur les rives de l'Hohi-Anga et à Mangounga. Malgré les nuances et les intérêts qui les séparaient, la meilleure harmonie régna constamment entre les deux églises.

Cependant leurs progrès n'ont pas été aussi rapides qu'on l'avait espéré d'abord. Soit que l'élément spirituel du culte protestant ne soit pas doué de ce prestige inhérent au catholicisme, soit qu'absorbés dans les soins de leur ménage les missionnaires n'aient pu agir assez efficacement sur leur grande famille, il est certain que l'influence religieuse fut à peu près nulle dans les premiers temps. En acceptant la supériorité des faits, les naturels ne voulurent pas comprendre la supériorité des idées. Ils voyaient dans les missionnaires, artisans pour la plupart, d'excellents forgerons, des armuriers inestimables ; mais il ne leur venait nullement à la pensée de les regarder comme les dispensateurs d'un royaume céleste.

Rencontrant chez eux quelques commodités de la vie matérielle, ils les estimaient beaucoup pour cela, peu pour le reste ; ils les respectaient, mais ne les écoutaient pas. Leurs traditions guerrières, mêlées d'un vague sentiment d'immortalité, suffisaient pour satisfaire leurs instincts religieux. Ils y tenaient ; ils ne voulaient pas d'autre croyance. Aussi, même aujourd'hui, quoi que les missionnaires aient pu dire ou faire dire, il n'y a pas, à la Nouvelle-Zélande et parmi les indigènes, d'église chrétienne qui mérite ce nom. On a gagné quelques esclaves, on a formé quelques enfants ; mais à peine cite-t-on un seul chef qui se soit ouvertement rallié au giron des deux missions. En exagérant les chiffres, on peut attribuer, sur le papier, à l'une douze cents prosélytes, à l'autre quatorze cents ; mais qu'est-ce que ce faible contingent auprès des cent cinquante mille âmes de population que renferme la grande île du Nord ? Les missionnaires épiscopaux ne se sont point abusés sur un semblable succès, et, renonçant à éveiller une foi inerte, ils ont sur-le-champ aspiré à un autre mode d'influence. Grace à l'or de la société centrale, ils se sont rendus acquéreurs de vastes espaces de terrains, les ont défrichés, les ont livrés à une active culture. Aujourd'hui ils peuvent passer pour les seigneurs suzerains de la baie des Iles, et désormais, pour gagner des âmes à Dieu, leurs richesses seront plus éloquentes que leurs paroles.

Le plus grand obstacle à la propagation du christianisme s'est rencontré dans l'essence même de notre loi divine, incompatible avec les habitudes belliqueuses des tribus zélandaises. On leur défendait la guerre, qui était leur tradition, leur culte, leur vie. On leur interdisait la vengeance des injures, qui formait leur code d'honneur. On leur proposait d'échanger leurs mœurs inquiètes contre des mœurs paisibles, l'impétuosité contre la patience, la pétulance contre la tranquillité. Un peuple ne se refait pas en un jour, il ne se livre pas à l'inconnu sans combat et sans résistance. Les préjugés, les usages, les lois du pays ne se laissèrent donc pas entamer, et plus d'une fois ils réagirent violemment contre les étrangers qui les menaçaient par leur présence. Presque toutes les querelles entre les naturels et les missionnaires provinrent de l'incompatibilité des tendances et des doctrines réciproques. Les missionnaires refusaient des mousquets aux chefs, qui, à leur tour, refusaient des vivres aux missionnaires. Les baleiniers, se prêtant sans aucune difficulté au commerce des armes à feu, devaient obtenir et obtenaient toutes les préférences des indigènes, qui ne pouvaient s'expliquer les scrupules des ministres de l'Évangile. Sous l'empire de ces rancunes, les établissements religieux furent, à diverses reprises, inquiétés, menacés, pillés, dévastés. Les wesleyens de Wangaroa subirent un sac complet ; leur maison fut démolie, leurs champs furent ravagés, leur vie même se trouva en péril. A Pahia, à Waïmate, à Tepuna, à Waï-Tangui, ces scènes se reproduisirent, mais toutefois avec moins de violence. La cause de ces ruptures soudaines était ou la mort d'un chef puissant, ou une demande d'armes à feu à l'occasion d'une guerre prochaine.

La meilleure preuve du peu de succès des missionnaires pendant les vingt premières années de leur séjour, peut se tirer de l'activité même des hostilités entre les tribus zélandaises durant cette période. Ce fut presque une extermination régulière et systématique. A peine une trêve était-elle conclue sur un point, qu'une rupture éclatait sur l'autre. Les grandes luttes de Shongui et de Pomare datent de ce temps. Quand Shongui se rend à Londres avec un ministre de paix, c'est pour y mieux préparer la guerre. Les personnages importants du pays périssent tous par les armes. Shongui meurt des suites d'une blessure ; Pomare est dévoré par son ennemi.

Entre les peuplades du centre et celles de la baie des Iles, le combat s'éternise sans merci et sans trêve. Chaque renfort de mousquets est un encouragement à de nouvelles tentatives. Ceux qui n'ont pas cette ressource imaginent mille ruses pour en neutraliser l'effet. Un chef de l'ouest fait coucher ses gens à plat ventre au moment de la première décharge, l'esquive ainsi, et se précipite ensuite sur ses antagonistes, fort embarrassés d'armes qui ont épuisé leur effet. Aucune des anciennes coutumes guerrières n'a disparu ; la victoire a toujours son horrible lendemain.

Le *tabou* règne plus impérieusement que jamais, et il vient frapper les missionnaires jusque dans leurs champs, leurs cultures, leurs maisons, leurs néophytes. Les nouveaux chrétiens respectent ce que la loi du pays tient pour sacré. Le code des représailles n'a point adouci ses rigueurs. Rien n'est changé, si ce n'est qu'on souffre sur les lieux des hommes qui y ont importé une civilisation matérielle. C'est une question de reconnaissance, d'égards, de bons procédés, voilà tout. Les indigènes n'ont jamais rendu le mal pour le bien.

Si la vie locale ne s'est que faiblement modifiée, il ne faut pas croire que les missionnaires aient assisté, sans tenter aucun effort, au spectacle de leur impuissance. Les voyages de M. Marsden, les laborieux travaux de ses collègues, sont des témoignages d'une activité louable, bien qu'infructueuse. Mais là où le zèle religieux a échoué, le mouvement commercial imprime déjà de profondes traces. La baie des Iles rendez-vous des baleiniers, a reçu en 1836 cent cinquante-un navires, en 1837 cent quarante-neuf, en 1838 cent soixante-douze. C'est devenu une échelle importante où plus de six cents Européens forment une sorte de comptoir et un noyau de colonisation. Si l'esprit indigène doit être transformé, c'est par ce contact et non par l'influence religieuse. Les Zélandais sont surtout un peuple pratique ; l'habitude plutôt que la parole les domptera. Des rapports plus fréquents avec les Européens entraîneront des besoins et des penchants plus identiques, et déjà les naturels de la baie des Iles ont vaincu leur répugnance pour les liqueurs spiritueuses, que les autres tribus repoussent toujours avec dégoût. La population de ces îles gagnera-t-elle à cette métamorphose ? Ceci est un autre problème qui serait trop long à résoudre. Un peuple ne change pas ses mœurs, ses habitudes, ses vêtements, sans subir de graves et cruelles altérations. La vie sociale est comme la vie de l'homme : une modification de régime l'atteint dans sa source même. L'énervement physique qui s'est déjà produit à Taïti et à Hawaii n'épargnera pas sans doute la Nouvelle-Zélande. Il se peut même qu'aucun de ces groupes ne résiste à cette épreuve décisive, et ainsi se trouverait justifiée cette loi qui fait succéder les races aux races, comme les individus aux individus.

Avec les baleiniers la Nouvelle-Zélande a vu paraître en bien plus grand nombre les vaisseaux des puissances européennes, les uns chargés de missions scientifiques, les autres d'une surveillance militaire. L'Angleterre y a envoyé quelques croiseurs, et dans le nombre, le capitaine Hobson du *Rattlesnake*. La France n'est point demeurée en arrière, et, dans l'espace de douze ans, cinq expéditions successives ont montré aux indigènes des *hommes de Marion*, comme ils les nomment encore. En 1824, *la Coquille* mouille dans la baie des Iles et y exécute de beaux travaux d'hydrographie. En 1827, *l'Astrolabe*, après avoir exploré et relevé toute la côte orientale de la Nouvelle-Zélande, jette à son tour l'ancre dans les mêmes eaux, et complète avec une grande autorité les observations antérieures. *La Favorite* y parait en 1831, et nous donne de son voyage une relation pleine de charme et d'intérêt. L'année 1838 est encore plus féconde : deux fois le pavillon français se montre dans la baie des Iles, la première fois sur la corvette *l'Héroïne*, capitaine Cécile ; la seconde sur la frégate *la Vénus*, capitaine Dupetit-Thouars. *L'Héroïne* trouva sur les lieux le premier missionnaire catholique qui s'y soit fixé, M. de Pompallier, évêque de Maronée.

Arrivé à la Nouvelle-Zélande vers la fin de 1837, ce digne ecclésiastique avait eu toutes les peines du monde à se soustraire aux violences furieuses des naturels, ameutés par les missionnaires épiscopaux. La présence de *l'Héroïne*, l'appui énergique et loyal du commandant Cécile firent sur-le-champ au prêtre catholique un meilleur sort et une meilleure place. La malveillance fut intimidée, les haines s'apaisèrent. *La Vénus* acheva ce que *l'Héroïne* avait si dignement commencé, et le brave capitaine Dupetit-Thouars, nom glorieux dans notre marine, couronna l'importance de sa station par des travaux qui vont être publiés prochainement.

Cependant, depuis 1832, les Anglais avaient compris qu'ils ne pouvaient laisser la Nouvelle-Zélande à la merci des criminels et des forbans de toutes les nations. Sur un point si fréquenté par les vaisseaux, il fallait établir une justice ou tout au moins une surveillance. Les pouvoirs qui avaient été donnés aux missionnaires en vertu d'une loi de George IV étaient illusoires et insuffisants. Cette écume sociale qui, dès 1813, arrachait de douloureuses plaintes à M. Marsden, ne faisait que, gagner chaque jour du terrain. Encore quelques années de tolérance, et la Nouvelle-Zélande devenait une république de boucaniers, régis par la loi d'une souveraine impunité. Il fallait aviser : on avisa, mais d'une manière timide. L'Angleterre avait peur alors d'être soupçonnée d'envahissements ; elle se contenta d'envoyer à la baie des Iles, en 1835, un consul, M. Busby, avec des attributions vagues et impuissantes. Ce consul n'avait et n'a encore ni juridiction définie, ni moyens d'action appréciables. Quelques procès-verbaux, quelques rapports, voilà à quoi s'est réduit jusqu'ici son rôle officiel. Mais avec cette intelligence qui caractérise les fonctionnaires anglais, il a su s'en créer un autre, et il ne doit pas être demeuré étranger aux dernières combinaisons commerciales qui se rattachent à l'exploitation de cet archipel.

Ce consul venait à peine de s'installer dans la baie des lies, quand il apprit par la voix publique qu'un baron français réclamait et s'attribuait la souveraineté de la Nouvelle-Zélande. Voici à quels faits se rattachait cette prétention. En 1820, durant le séjour de Shongui à Cambridge, le baron Charles de Thierry avait acheté de ce chef zélandais, par l'entremise de M. Kendall, missionnaire, quatre vingt mille acres de terre sur les bords de l'Hoki-Anga et ailleurs moyennant trente-six haches. L'acte fut mis en règle, et, comme droit, l'enquête du parlement n'a pas atténué sa valeur. Comme fait, c'est différent ; non-seulement la possession a été contestée, mais elle semble avoir été refusée. Cependant, en

1831, M. Charles de Thierry songea à donner cours à son titre de propriétaire. Il forma à la Guadeloupe une société qui devait poursuivre la colonisation de la Nouvelle-Zélande, en la combinant avec la canalisation de l'isthme de Panama. À l'appui de ses vues et pour préparer les esprits, il lança un manifeste qui ne manquait ni d'adresse ni d'assurance, et dans lequel, ne retirant rien de ses prétentions sur le territoire qui lui avait été inféodé, il déclarait cependant reconnaître et vouloir respecter les droits des tenanciers actuels. C'était à la fois juste et habile, même en prenant la chose au sérieux. A cette déclaration imprévue de suzeraineté, M. Busby crut devoir répondre par une contre déclaration d'indépendance. Il réunit trente-cinq chefs de l'île du Bord et leur fit signer un acte dérisoire qui ressemblait beaucoup à une constitution européenne, avec congrès, séances annuelles et équilibre des pouvoirs. Rien ne manquait à cette parodie. Muni de cette pièce, il attendit M. Charles de Thierry de pied ferme. Par surcroît de précaution, il voulut même que la Nouvelle-Zélande eût son pavillon, qui fut solennellement reconnu par l'Angleterre.

Cependant M. Charles de Thierry n'arrivait pas. Il ne venait pas assurer son droit par une investiture réelle. Long-temps retenu à Taïti et dans la Nouvelle-Galles du Sud, il ne débarqua à la Nouvelle Zélande que vers la fin de 1837, amenant avec lui soixante hommes qu'il avait recrutés à Sydney, et qui n'étaient pas, comme en peut le croire, des hommes de choix. A son arrivée, on s'occupa de ses droits et de ses prétentions. S'il faut en croire l'enquête de la chambre des lords, une assemblée de chefs aurait déclaré que la vente des quatre-vingt mille acres, datant de 1820, était nulle et périmée. Mais, comme compensation, un des chefs d'Hoki-Anga aurait cédé à M. de Thierry quatre mille acres d'excellente terre, au prix de 200 livres sterl. payables en denrées. Voilà où en étaient les choses à cette date. Aujourd'hui, si l'on s'en rapporte aux documents de l'enquête des lords, M. de Thierry n'en maintient pas moins ses protestations contre toute occupation anglaise, en prenant le titre un peu ambitieux de roi de Rahaheva.

Cet incident une fois vidé, la Nouvelle-Zélande restait partagée, vers la fin de 1838, entre trois influences : celle de l'esprit indigène, toujours indomptable et entier ; celle des missionnaires, qui continuaient à petit bruit et sur une échelle réduite leur lent travail de prosélytisme ; enfin celle de l'esprit européen, envahissant le pays par tous les bouts, utilisant le mal comme le bien, se propageant par le commerce et par la politique, par les résidents et par les voyageurs. C'est ce dernier phénomène qui a éveillé l'attention de l'Angleterre sur un pays où elle entretient déjà un grand commerce sans y avoir fondé aucune organisation régulière ; c'est lui qui a donné naissance aux vastes projets de colonisation dont il nous reste à parler.

VI – COLONISATION ANGLAISE DE LA NOUVELLE-ZELANDE.

Quand on récapitule ce que l'esprit d'entreprise a fait depuis un siècle pour l'Angleterre, et ce que l'Angleterre a fait par lui, on ne peut se défendre d'un profond étonnement. Au temps où le commodore Drake et le lord Delaware ouvrirent cette carrière de glorieuses aventures, l'un en promenant le pavillon britannique autour du globe, l'autre en portant la hache du pionnier sur les forêts du Nouveau-Monde, la Grande-Bretagne ne possédait que ses deux îles européennes et quatorze millions de sujets directs. Ce qu'elle a réalisé depuis lors en fait de conquêtes dépasse toute imagination, et la statistique de nos temps positifs prend à ce sujet la couleur d'une tradition fabuleuse. Comme si c'était une tâche légère que d'avoir peuplé et renouvelé l'Amérique du Nord, l'une des grandes Antilles et les plus belles îles de l'Océan atlantique, l'Angleterre s'est attaquée à l'Asie, et y a fondé son empire des Indes aux terres australes, et s'y est adjugé un continent. Jetant en chemin des garnisons sur toutes les plages et plantant son drapeau sur tous les rochers, elle n'a eu pour son génie de découvertes d'autres limites que celles du monde. Aujourd'hui la Grande-Bretagne étend son pouvoir sur une superficie de 775,000,000 lieues carrées et commande à cent quarante-huit millions de sujets immédiats. La dixième partie du globe est dans ses mains. Qu'on parle maintenant de sa décadence !

Ce succès merveilleux tient à deux causes, à l'esprit public et au génie particulier. Point de lutte, point de rivalité entre ces deux expressions de la grandeur nationale. L'action collective a toujours appuyé, complété, chez nos voisins, l'initiative individuelle, et la force de tous n'a nulle part fait défaut aux hardiesses de chacun. Jamais un plus bel ensemble d'efforts n'a concouru à de plus brillants résultats. Il faut ajouter que l'élévation du rôle a dû influer beaucoup sur le caractère du peuple qui s'en était hardiment emparé. Il est des mérites qu'une situation commande et aussi des vices qu'elle impose. Une fois lancée dans sa voie d'envahissement, l'Angleterre n'a plus eu ni le choix des moyens, ni la liberté des allures. Il fallait marcher devant soi sans s'arrêter, sans regarder en arrière, entreprendre toujours et toujours réussir. A défaut du droit le fait, à défaut de l'adresse la violence ; tout était bon, pourvu que le succès fût au bout. On ne saurait dire tout ce qu'il s'est dépensé, dans cette mission, d'égoïsme persévérant et d'énergie impitoyable. De tels mandats n'échoient qu'à de fortes races, douées de l'esprit de suite et du plus grand des génies, celui de la patience. Aujourd'hui même l'élan est tel qu'il emporte la nation malgré elle, malgré un retour réfléchi sur son état intérieur. Le gouvernement a beau se refuser à de nouvelles expériences, le parlement a beau se tenir en garde contre l'esprit remuant des spéculations lointaines ; le mouvement d'irradiation coloniale ne cessera, pour l'Angleterre, que le jour où l'univers se dérobera sous ses pieds : *ubi defuit orbis*. Sa force d'expansion a tous les caractères de celle de la vapeur : elle n'a été puissante qu'à la condition d'être implacable.

Ce qui arrive à propos de la Nouvelle-Zélande, est une preuve bien décisive de cette tendance à un impérieux entraînement. Certes, on n'ignorait rien à Londres, dans les bureaux des colonies et du *Foreign Office*, de tout ce qui se rattache à ces deux grandes îles australes, si dignes d'intérêt et d'un si précieux avenir. On avait pu s'assurer depuis longtemps des avantages inhérents à leur possession, et des inconvénients attachés à cette espèce de déshérence qui les frappe ; on connaissait les ressources du sol, on pressentait quel immense parti le commerce pouvait tirer de ce *phormium tenax*, le plus beau lin du monde, objet d'inépuisables récoltes, et des magnifiques bois de mâture que recèlent les forêts de cet archipel. On se disait encore que la Nouvelle-Zélande, rendez-vous des baleiniers anglais, ne pouvait demeurer sans péril un terrain vague, ouvert à tous les criminels, une sentine pour tous les vices, un lieu d'asile pour toutes les corruptions. Oui, plus d'une fois, le gouvernement anglais a dû se poser ces questions, interroger son courage, calculer sa force, sonder ses reins. Mais le cœur lui a manqué, comme on l'a dit : il a craint d'ajouter un tourbillon nouveau aux tourbillons qui l'emportent ; il s'est sagement défié du vertige. L'Inde et l'Australie, le Canada et la Jamaïque, sans compter les appoints, lui paraissaient constituer une somme assez forte de responsabilité coloniale et un fardeau assez lourd, même pour les épaules les plus vigoureuses.

Eh bien ! telle est la loi irrésistible des destinées humaines, que, lorsque le gouvernement anglais a fait une halte, étonné, effrayé de ses succès, le génie particulier l'a repris par la main, l'a forcé de se remettre en route, l'a rendu à la fatalité de son rôle. En Angleterre, l'association des forces individuelles est depuis longtemps élevée à la hauteur d'un pouvoir public ; c'est presqu'un état dans l'état. L'empire des Indes fut fondé par une compagnie de marchands, qui l'administra avec une majesté et une prudence dont peu de souverains seraient capables. L'association aspire encore à ces merveilles impossibles aujourd'hui, et elle a voulu tenter pour la Nouvelle-Zélande ce que d'autres avaient réalisé pour l'Inde. Le gouvernement semblait décidé à oublier cet archipel, moins par indifférence que par lassitude : l'association a offert de le suppléer dans cette tâche, de se substituer à ses devoirs. Elle ne demandait qu'une jouissance temporaire, qu'un usufruit, couvrant ainsi la spéculation sous le manteau du patriotisme.

Pressé de la sorte, le gouvernement n'a pu résister, il a été entraîné sur un terrain qu'il n'avait pas choisi, et a obéi, par contre-coup, à des pensées d'agrandissement dont il avait d'abord cherché à se défendre. Ainsi, ce que n'avaient pu amener ni les sollicitations itératives de M. Busby, consul résident à la baie des Iles, qui se chargeait de faire toute la police de la Nouvelle-Zélande avec soixante soldats réguliers, ni les rapports du capitaine Hobson du *Rattlesnake, ni les dépêches du gouverneur de Sydney, ni les pétitions incessantes des armateurs pour la pêche de la baleine, une compagnie entreprit de le faire à côté du gouvernement, en ne lui demandant qu'une investiture légale, mais limitée. Telle est l'origine de la* compagnie territoriale de la Nouvelle-Zélande (New-Zealand land company*), qui a excité et excite encore une si vive attention de l'autre côté de la Manche.*

Cette compagnie s'est, à son début, constituée l'héritière d'une société commerciale fondée sous le nom de *New-Zealand ftax company (compagnie linière de la Nouvelle-Zélande*), et dont l'existence remonte à 1825. Le nom de lord Durham, qui a si souvent figuré dans les entreprises de ce genre, a servi de lien aux deux spéculations. La première avait eu une fin ridicule. Une troupe de colons, débarquée à la Nouvelle-Zélande et accueillie sur la plage par des naturels qui exécutaient une danse guerrière, fut saisie d'une telle frayeur à l'aspect de ces gestes et en entendant ces cris, qu'elle remonta précipitamment sur ses chaloupes, se croyant menacée d'une agression soudaine. Les vaisseaux repartirent comme ils étaient venus, sans laisser un seul homme à terre. Ainsi avorta ce projet prématuré. La nouvelle compagnie a opéré sur d'autres bases et avec une tout autre puissance. L'un des secrétaires de lord Durham, M. Wakefield, en a été le plus ardent promoteur. Grace à lui, de grands noms de l'aristocratie s'empressèrent d'offrir leur patronage ; des banquiers, des membres de la chambre des communes, de jeunes baronnets se chargèrent de donner l'élan et mirent leur influence au service de l'affaire. L'essentiel était d'abord d'obtenir une sanction législative. Les lords Durham et Petre se chargèrent de solliciter le concours de la chambre haute ; MM. Francis Baring,

Molesworth, William Thompson, celui de la chambre des communes. Un peu de charlatanisme se mêlant toujours aux spéculations, la compagnie commença par s'emparer de deux Zélandais du détroit de Cook, qu'un bâtiment du Havre avait conduits en Europe. Elle les attacha à son entreprise et s'en fit une sorte de prospectus. L'un d'eux est mort depuis ; mais l'autre, nommé Hiakai, a survécu. Son témoignage a été recueilli dans l'enquête de la chambre des lords, et il est vraiment curieux d'y lire ses réponses empreintes d'une précision judicieuse et pleines d'une intelligente réserve. Hiakai a dû être et a été l'interprète naturel de la première expédition.

Le plan de la compagnie était d'obtenir, avant tout, la reconnaissance formelle du parlement, et, pour dissimuler jusqu'aux apparences d'une spéculation privée, elle se refusa à énoncer aucune espèce de capital social. Cette manière de procéder cachait un piège. Elle impliquait deux choses, une prise de possession de la part de l'Angleterre, et une délégation de ses pouvoirs à une association commerciale. La compagnie se réservait, comme moyen financier, de contracter un emprunt qui aurait eu pour fonds d'amortissement le premier produit de terres, et qui, émis sous l'empire d'une investiture solennelle, se serait assuré sur-le-champ une belle place dans le crédit public. On le voit, il y avait là-dessous bien des primes d'encouragement à l'agiotage. L'enquête de la chambre des lords n'avait pas à s'en occuper ; mais, devant la chambre des communes, saisie de la question durant la session de 1838, ces difficultés furent mises en évidence, ces intentions secrètes furent pénétrées. On comprit qu'on allait engager le pays, avant l'heure, dans une solidarité qu'il ne pouvait pas subir, et mettre son influence au service d'un intérêt particulier. D'ailleurs, une prise de possession, si détournée qu'elle fût, était un acte essentiellement diplomatique, et, en risquant une semblable initiative, le parlement franchissait les limites de sa compétence. D'autres circonstances militaient encore contre l'acceptation du bill. La société évangélique de Londres, puissante par ses richesses et par ses relations, s'était dès l'abord prononcée contre toute colonisation civile. A l'entendre, ses missionnaires seuls pouvaient poursuivre sagement et utilement la première éducation d'un pays sauvage, lui inspirer des mœurs religieuses et des habitudes sociales. Tout autre mode d'initiation devait non-seulement échouer, mais encore entraîner des résultats funestes. Les exemples pervers n'abondaient déjà que trop sur le littoral de la Nouvelle-

Zélande, séjour d'une population nomade et corrompue, école de vices, de crimes et d'infamies. Ainsi parla M. Coates, secrétaire de la société des missions épiscopales. Les délégués wesleyens en dirent autant, repoussant de toutes leurs forces l'intrusion d'éléments profanes dans la transformation religieuse du pays. Il est évident que ces raisonnements spécieux ne servaient qu'à couvrir des vues personnelles et des jalousies transparentes : riches propriétaires du pays, les missionnaires ne pouvaient envisager d'un bon œil la concurrence imminente de grands capitalistes. Cependant leur résistance fut d'un grand poids : lord Glenelg et lord Howick, membres du cabinet, s'y associèrent. Sous ces diverses influences, le bill fut écarté ; mais il demeura constant que la principale cause de ce rejet était la crainte d'engager légèrement l'Angleterre dans une question de droit international. Lord

Melbourne fit à quelque temps de là une déclaration qui résumait cette pensée et attribuait ce sens à la conduite du cabinet. Enfin, avant tous les autres, le comité de la chambre des lords, interrogé sur cette mesure, avait répondu que « l'augmentation du nombre des colonies anglaises était une question qui ne relevait que de la couronne. » Voilà des faits dont notre diplomatie doit avoir pris acte.

Ainsi la *compagnie zélandaise* n'avait abouti qu'à un avortement. Mais, à défaut d'un caractère officiel, elle pouvait prendre celui d'une spéculation nationale. L'attention publique avait été vivement excitée à son égard : elle était dans les conditions des choses dont l'opinion se préoccupe, c'est-à-dire certaine de réussir. On lui avait contesté sa forme, elle en revêtit une autre. Elle se fit *compagnie territoriale de la Nouvelle-Zélande*, au capital de 250,000 livres sterling

(6,500,000 francs), divisé en 2,500 actions de cent livres sterling chaque. Elle eut pour gouverneur lord Durham, pour gouverneur délégué M. Joseph Somes, pour secrétaire M. John Ward, pour agent principal M. Wakefield. La compagnie était déjà propriétaire de plusieurs terrains acquis par la société précédente, et notamment de divers lots cédés autrefois au lieutenant Donnell sur le territoire de Kaipara. Elle se constitua ce fonds qu'elle devait compléter par des achats successifs, jusqu'à la concurrence de cent dix mille acres de terre, divisés en onze cents sections, dont cent dix étaient réservées pour les indigènes, et les neuf cent quatre-vingt-dix autres mises à fa disposition des émigrants au prix d'une livre sterling l'acre. Un quart du produit des ventes de terrain devait amortir les dépenses de la compagnie ; le reste se distribuait entre des destinations diverses, toutes dans l'intérêt des colons, telles que les frais de transport, les achats d'ustensiles, les débours de premier établissement, et les améliorations locales.

La spéculation, on le voit, était parfaitement combinée. On comptait sur un succès, on obtint un véritable triomphe ; ce ne fut pas seulement de l'assentiment, mais de l'enthousiasme. De tous les coins de l'Angleterre et de l'Écosse arrivaient des laboureurs, des ouvriers, des fermiers, suivis de leurs enfants et de leurs femmes. L'engouement gagna même les jeunes têtes de l'aristocratie, et à côté de la grande compagnie se forma un comité de colonisation qui se chargea de recruter pour la Nouvelle-Zélande des fils de famille et des hommes considérables. La nouvelle colonie aura donc, comme membres résidents, des noms qui tiennent de près aux grandes maisons d'Angleterre : MM. Henri Petre, Dudley-Sainclair, Daniell, Évans, Molesworth et divers autres. Ces messieurs ont vu là une sorte de gageure, une manière de faire de l'originalité patriotique ; même ainsi, c'est un noble passe-temps. Malheureusement tout n'est pas demeuré aussi pur et aussi irréprochable dans cette entreprise. Comme on devait s'y attendre, l'agiotage s'en est mêlé. Les actions de terrains ont été l'objet de négociations aléatoires ; on a spéculé sur le premier feu de l'opinion, on a abusé de la crédulité populaire. Ainsi le même acre de terre que la compagnie cédait à une livre sterling, était coté dans un journal à quatre-vingt livres. Ce journal lui-même peut être regardé comme une de ces graves plaisanteries dont les Anglais seuls ont le secret. Il s'intitulait *New-Zealand Gazette*, et, en lançant son premier numéro à Londres, il déclarait que le second ne paraîtrait qu'à la Nouvelle Zélande, ce qui ne l'empêchait pas d'appeler des abonnements immédiats. Le charlatanisme alla si vite et si loin, que le *Times* crut devoir insérer la note suivante sous le titre d'AVIS AUX ÉMIGRANTS : *Quatre vaille lieues séparent notre pays de la Nouvelle-Zélande, et, dans l'hypothèse d'un désappointement, ce n'est pas là une distance facile â franchir. Il règne, à l'heure qu'il est, une fièvre d'émigration qu'exploitent des personnes intéressées, sans se préoccuper des souffrances qui attendent leurs victimes. C'est pour prévenir les misères qui doivent résulter de ces calculs égoïstes et sordides que nous conjurons le public de se tenir en garde contre toutes les séductions de ce genre.* Cette accusation est trop formelle pour qu'elle ne soit pas méritée.

Cependant les chefs de la compagnie, il faut leur rendre cette justice, entraient activement et sérieusement dans les détails de la réalisation. Dès le mois de mai, une expédition préparatoirc, composée des navires *le Tory* et *le Cuba*, montés par le lieutenant Smith, inspecteur-général ; et M. Wakefield, agent principal de la compagnie, appareillait pour la Nouvelle-Zélande. Les instructions de M. Wakefield, qui ont été livrées à la publicité, lui enjoignaient de se rendre d'abord dans le détroit de Cook et d'y choisir un lieu propice pour un établissement agricole, le port Hardy, par exemple, sur l'île Durville, ou à son défaut le port Nicholson. Ce point une fois fixé, M ; Wakefield devait remonter la côte occidentale de l'île du Nord, toucher à Kaïpara et s'y faire mettre en possession des terres de la compagnie, acquises par l'intermédiaire du lieutenant Donnel. En même temps, et sur tous les points, M. Wakefield avait pour mission de reconnaître et d'acheter les meilleurs lots de territoire, prenant en considération les avantages naturels des localités, les forêts, la qualité du sol, les cours et les chutes d'eau. Son exploration achevée, il devait retourner au port Hardy et y attendre l'arrivée des premiers colons. Ces colons sort partis en effet d'Europe dans les mois d'août, septembre et octobre derniers, sur de beaux navires de cinq à six cents tonneaux et parfaitement aménagés. Cette émigration se compose principalement d'artisans et d'agriculteurs, choisis avec le plus grand soin et d'une moralité éprouvée. Tout ce qui est nécessaire à une installation durable se trouve sur ces transports, qui forment autant de petites bourgades flottantes. On en est même arrivé aujourd'hui à songer aux objets de luxe, et il se construit à Londres, aux frais de l'état, un hôtel portatif en bois de Norwège, qui pourra se monter et se démonter avec la plus grande facilité. Ce sera, dit-on, le logement du gouverneur. On n'évalue pas à moins de trois mille le nombre des émigrants qui vont chercher une patrie dans ces zones australes. Dieu garde ces nouveaux pionniers des mécomptes si fréquents en matière de colonisations lointaines ! L'Angleterre et la France ont eu en ce genre deux expériences cruelles, celle du cacique des Poyais et celle du Guazacoalco.

La compagnie avait bien prévu qu'en marchant elle entraînait le gouvernement à sa suite, et peut-être le gouvernement ne demandait-il pas mieux que d'être entraîné. A l'heure où nous écrivons, le cabinet anglais s'est déjà bien départi de ses rigueurs, et il semble que la question n'est pas demeurée pour lui au point où le parlement l'avait laissée. En face d'un mouvement qu'il n'a pu vaincre, même en refusant de s'y associer, il lui a paru qu'il ne pouvait pas abandonner sans tutelle trois mille de ses sujets émigrant en masse sur le même point. Déjà, au mois de juin 1839, en réponse à une pétition du commerce de Glasgow, M. Labouchère, secrétaire d'état, déclarait que le gouvernement préparait les moyens d'ériger la Nouvelle-Zélande en colonie anglaise. Plus tard, et dans les premiers jours d'août, le marquis de Normanby expédiait sur *le Druid* le capitaine Hobson, déjà au fait des localités, avec le titre de consul et de lieutenant-gouverneur, s'il faut en croire le *Colonial Gazette*. Ses instructions, citées par *le Globe*, impliquent, si elles sont authentiques, une sorte de prise de possession. Il y est dit que, la Nouvelle-Zélande tendant à devenir une colonie anglaise, il importe que désormais les cessions de territoire se fassent au nom de la couronne britannique, et que toutes les transactions de cette nature soient minutieusement surveillées. On s'y étend avec complaisance sur des considérations de cet ordre en les déguisant sous les apparences d'une protection à accorder aux indigènes contre les agioteurs de terrains (*land jobbers*).

Évidemment le cabinet anglais médite un changement de front à l'égard de la Nouvelle-Zélande. Il est vaincu par l'opinion, qui en fait un conquérant malgré lui ; il subit, à son corps défendant, la charge de possessions nouvelles. Mais la France ne peut, ce nous semble, accepter la question dans ces termes, et c'est à elle qu'il appartient de la ramener au point où elle était restée dans le sein du parlement. La Nouvelle-Zélande est encore maintenant un terrain neutre pour tous les pavillons, une plage accessible à toutes les colonisations européennes. Elle se trouve dans le même cas que Taïti et Hawaii, échelles polynésiennes avec un gouvernement local, nominal peut-être, mais du moins titulaire. En vain invoque-t-on un titre ancien résultant de la priorité de la découverte et des trois voyages de Cook : cette priorité n'appartient pas à l'Angleterre, et Cook a été, on l'a vu, devancé sur ce point par Tasman. D'ailleurs, les temps sont passés de ces prises de possession illusoires, au moyen desquelles cinq ou six puissances et vingt navigateurs pourraient se disputer le même îlot. On invoque aussi le cap. 96 des lois de George IV, qui, fixant l'organisation des poursuites pénales dans la terre de Van-Diemen et la Nouvelle-Galles du Sud, étend, pour certains faits, la juridiction de ce ressort jusqu'à la Nouvelle-Zélande, Taïti et les Sandwich. Mais cette loi ne fait que déplacer une compétence en conférant aux tribunaux de Sydney les pouvoirs que jusqu'alors la métropole avait retenus, et en renvoyant à des juges mieux informés les marins coupables de baraterie et, d'autres crimes de cette nature. Au reste, l'assimilation de la Nouvelle-Zélande avec Taïti et les

Sandwich ne tranche-t-elle pas souverainement la difficulté ?

Non, il n'y a pas de droit sérieux du côté de l'Angleterre, et il y a, du côté de la France, un intérêt réel à ce que la Nouvelle-Zélande conserve son indépendance. Depuis quelques années, le principal rendez-vous de nos baleiniers est dans les nombreuses rades qui l'entourent. A la date des dernières nouvelles, on en comptait neuf dans la seule baie des Iles. C'est beaucoup, vu l'état de notre marine marchande. Aujourd'hui, ces pêcheurs sont accueillis dans les hâvres zélandais au même titre et sur le même pied que ceux de l'Angleterre. Que celle-ci s'approprie cet archipel, et à l'instant même des taxes différentielles d'ancrage et de tonnage, des droits d'entrée et de sortie, rendront ces relâches onéreuses à nos bâtiments, qui déjà contiennent mal une concurrence redoutable.

Vienne ensuite une guerre, et, placés sous le canon britannique, nos bâtiments seront confisqués en un clin d'œil. Nous avons vu avec regret, nous l'avouons, une plume habile aller au-devant des projets de l'Angleterre, les pressentir, les caresser, presque les encourager. La hardiesse n'est pas ce qui manque à nos entreprenants voisins, et ce n'est point à nous de leur donner du cœur. Oublions qu'il existe sur ces îles des Français qui invoquent quelques sympathies d'origine, oublions qu'il y a là aussi un prêtre catholique, un évêque en butte aux haines de schismes intolérants et qui se réclame de notre nationalité, à défaut de notre orthodoxie. Ne tenons compte que des intérêts, puisqu'ils ont la parole haute de notre temps. La Nouvelle-Zélande n'appartient encore qu'à la spéculation particulière ; pourquoi la France en céderait-elle sa part ? Pourquoi n'aurait-elle pas son lot dans ce commerce que l'on dit appelé à de belles destinées, dans ces récoltes de lin, dans ces coupes de bois de construction ? En supposant même que rien ne soit prêt parmi nous pour d'aussi vastes entreprises, pourquoi engagerions-nous l'avenir ? Pourquoi aliénerions-nous des droits qui peuvent être réservés ?

A cela on ne trouve qu'une réponse, c'est que la France n'a pas l'esprit colonisateur. Ce reproche, souvent reproduit, manque de justesse. Dans le courant du siècle passé, nous avons colonisé Saint-Domingue, la Louisiane, le Canada, et notre empreinte ne s'y est point encore effacée. On nous oppose Alger, et en regard on nous présente l'Inde. Mais nulle part les Anglais n'ont eu affaire au désert et à des cavaliers insaisissables ; mais l'Inde n'a été acquise qu'au prix de quarante ans de luttes sanglantes, et pour la soumettre il a fallu toute l'intrépidité d'un Clive, tout le sang-froid d'un

Wellesley, toute la sagesse d'un Cornwallis. Loin de nous la pensée d'encourager des spéculations hasardeuses ou de venir en aide à de chimériques projets. Il n'y a plus aujourd'hui ni de Walter Raleigh, ni de Dorados imaginaires. Mais l'esprit d'entreprises n'en est pas moins le plus beau don que Dieu ait pu départir à un peuple, le signe le plus infaillible de sa grandeur. Les richesses créées dans son propre foyer n'ont qu'une valeur directe ; celles qu'il fonde au loin s'accroissent de toute l'activité indirecte qu'elles entraînent, de l'ascendant qu'elles procurent, du jeu qu'elles donnent aux facultés nationales. Ayons donc la volonté de devenir des colonisateurs intelligents, et nous le serons comme nous l'avons été ; nous le serons d'une manière moins personnelle que l'Angleterre, et avec des tendances plus généreuses.

On assure que notre gouvernement est décidé à ne pas fermer les yeux sur une occupation officielle de la Nouvelle-Zélande. Les journaux anglais s'en offusquent déjà et se plaignent surtout de la fermeté de notre ministre de la marine. Ce reproche lui fait honneur : il doit être fier de le mériter. Un acte aussi important que celui d'une prise de possession doit être nécessairement précédé de l'échange de notes diplomatiques ; il convient de les attendre. Jusqu'ici, d'ailleurs, l'entreprise ne sort pas de la ligne d'une spéculation commerciale, spéculation légitime et de droit commun. Pour y répondre, des expéditions se préparent dans nos ports de mer, et l'une d'elles doit être actuellement sur la route des mers australes. Le gouvernement les a ouvertement encouragées ; il a répondu, tant à la chambre de commerce de Dunkerque qu'aux armateurs isolés, que, sur la question de la Nouvelle-Zélande, le cabinet était investi d'une liberté entière ; enfin, il est à la veille d'expédier pour ces parages la *gabarre l'Aube*, chargée d'un nombreux renfort de missionnaires catholiques. Rien ne périclite donc, ni la dignité du pavillon ni les prétentions des tiers. Maintenant, si des négociations s'ouvrent, on traitera. On verra s'il n'existe pas un arrangement facile dans un grand partage naturel ; ou bien, si, défiante de ses forces, la France craint d'encourir un jour le blâme d'avoir empêché les autres d'agir, pour ne rien faire elle-même, on recherchera si cette concession lointaine ne peut pas être compensée par des avantages équivalents et plus voisins de nous. Tout est possible, parce que rien n'a été compromis.